Défi Lecture 97

[illegible]

Baby-sitter, l'horreur !

Fanny Joly est née à Paris, où elle vit avec son mari et ses trois enfants. Elle écrit un peu pour la publicité... beaucoup pour le théâtre (notamment les sketches de sa sœur Sylvie Joly)... et passionnément pour les enfants. Elle a publié plus de cinquante livres chez Bayard Éditions, Hachette, Nathan, Rageot, Kid Pocket, Casterman. Elle a remporté de nombreux prix, dont le Tam-Tam 1995 du livre de jeunesse pour *Fous de foot,* paru chez Casterman.

Du même auteur dans Bayard Poche :
Parfaite, la princesse ? - La farce des oies -
Jeannot-Loup et le cruel Albert (Les belles histoires)
La charabiole - La télé toquée - Les Pâtacolors, j'adore !
Drôles de contrôles - Drôle de colo - Drôle de cadeau
(J'aime lire)
Jennifer l'enfer (Je bouquine)

François Avril est né en 1961 à Paris, où il a suivi les cours de l'École nationale supérieure des arts appliqués et des métiers d'art. Illustrateur de plusieurs ouvrages de bandes dessinées, il travaille régulièrement avec de nombreux magazines et consacre ses loisirs à la pratique de différents sports, dont le trial et le surf.

Du même illustrateur dans Bayard Poche :
Le secret du pilfastron - Jennifer l'enfer (Je bouquine)

Bayard Éditions est une marque
du département Livre de Bayard Presse

ISBN 2.227.72352.1

Baby-sitter, l'horreur !

Un roman de Fanny Joly

illustré par François Avril

BAYARD ÉDITIONS

1

Objectif CD

–Alors moi, jamais j'aurai rien pour écouter de la musique dans ma chambre, jamais, c'est ça ?

Papa suspend sa fourchette de salade tomates-mozarelle en plein vol. Mauvais signe : c'est son plat préféré.

–Écoute, Marion, on a déjà parlé de ça hier soir. C'est le sujet unique au menu de tous les dîners, maintenant ?

Maman me gratifie d'un de ces sourires diabol-angéliques dont elle a le secret.

–Et les étrennes de Mamika, Marion ? Ça sert à ça !

–Tu essaies de me faire rire, là, Maman, ou pleurer ?

À coups d'étrennes de Mamika, je l'aurai en 2020, mon lecteur de CD...

– Il faut apprendre la patience, ma petite Marion...

Ça, c'est Charles, mon géant de frère, mon nul de frère, qui a deux ans, quarante centimètres et un lecteur de CD de plus que moi...

Et qui insiste, la bouche aussi pleine de mozarelle que de condescendance :

– D'ailleurs, pourquoi toujours écouter la musique des autres ? Hein ? Fais comme moi, joue ta propre musique...

Je bondis, prête à mordre :

– Propre, ta musique ? Infecte, oui ! Ton saxo pourri, qui me casse les oreilles, je...

Papa me coupe d'un coup sec de couteau sur le bord de son assiette :

– Je ne sais pas si le saxo de ton frère te casse les oreilles, mais moi, vos bagarres me cassent les pieds... Alors, du calme ! Et si tu veux faire grimper ta cagnotte, Marion, ramène-nous plutôt des bonnes notes. Tiens, je te fais une proposition : à partir d'aujourd'hui, toute note au-dessus de 15 vaudra son prix en francs. Un 16 = 16 francs. Un 17 = 17 francs...

Je me demande souvent à quel moment mon père est le plus redoutable : quand il parle ou quand il se tait. En l'occurrence, il a ajouté :

– Et si c'est en anglais, je double la mise.

Sacré papa, il appuie toujours là où *it hurts* [1]. L'anglais par exemple. Malgré mes bonnes résolutions, malgré les super lettres de Jennifer [2], ma correspondante de l'été dernier, malgré le départ à la retraite de Miss Chéberèque, *my dreadful* [3] ex-prof d'anglais, ma moyenne n'a qu'à peine décollé du zéro pour se hisser péniblement entre 4 et 6. De là à viser le 15... Autant tenter l'ascension de Buckingham Palace [4] à mains nues par la face nord un jour de pluie...

1. En anglais : Ça fait mal.
2. Voir Je bouquine n° 37, *Jennifer l'enfer*.
3. Horrible.
4. Le palais de la reine d'Angleterre.

–Merci, P'pa ! Tu prends pas trop de risques...
–*It's up to you, Marion, darling* *...

Après ce décourageant dîner, je suis montée dans ma chambre où j'ai vaguement essayé de réviser mes verbes irréguliers. Encore plus décourageant.

To buy, I bought, bought : acheter. Ah, acheter un lecteur de CD... Il n'en faut pas plus pour que mes pensées s'évadent aussitôt vers la divine machine de mes rêves : CD-K7-Tuner-Ampli-Stéréo-Recherche-Rapide-Avant-Arrière.

Au même instant, comme pour me narguer, mon sale frère attaque à tue-tête un solo de saxo de l'autre côté de la cloison. Trop, c'est trop. J'ouvre la porte de sa chambre d'un coup de pantoufle excédé :

–Charles !

–Un problème en anglais, petite ?

–Je t'interdis de m'appeler « petite », je te l'ai déjà dit cinq mille trois cent soixante-douze fois ! Sinon...

–Mmmh... Sinon quoi ?

Sinon quoi ? Vite, je lève le museau vers lui, comme

* C'est à toi de décider, Marion chérie...

une souris face à un éléphant... Je ne vais quand même pas le menacer de le cogner. Ce serait ridicule...

– Sinon... sinon ça m'humilie, voilà ! Je sais que je suis petite pour treize ans. Raison de plus pour me soutenir un peu, non ? Qu'est-ce que ça peut te faire que j'aie un lecteur de CD ? Ça t'enlèvera pas le tien ! Si t'étais sympa, tu me le prêterais de temps en temps, d'ailleurs...

À ces mots, mon frère fait mine de tomber de sa chaise :

– Te le prêter ? Tu veux ma chemise, ma brosse à dents, mon saxo pendant que tu y es ? Ton CD, t'as qu'à le mériter, ma peti... Pardon, ma cocotte... T'as qu'à travailler...

– Hé ! Oh ! Tu vas pas te mettre à parler comme papa, toi !

– Non, moi, je veux dire travailler, gagner de l'argent... Dans ma classe, il y a plein de filles qui le font. Ma voisine, elle garde un bébé dans son immeuble : elle est toujours bourrée aux as. En plus, le gamin, il dort sans arrêt. Elle, elle écoute de la musique, elle regarde la télé, elle pioche dans le frigo, elle a même le droit de téléphoner.

– Sans payer ?

– Comment ça, sans payer ! C'est elle qui est payée, tu veux dire : trente francs de l'heure, minimum. Elle m'a dit qu'elle se faisait souvent cent-vingt francs dans la soirée...

Mes yeux roulent comme les cases d'un jackpot. Prix du lecteur de CD divisé par tarif horaire de baby-sitter, le tout mis bout à bout avec mes économies : j'ai envie de sauter au cou de l'institutrice qui m'a appris jadis à faire les divisions de tête...

En vingt heures, à moi le CD-K7-Tuner-Ampli-Stéréo-Recherche-Rapide-Avant-Arrière de mes rêves !

– Mais où ça se trouve, des boulots comme ça ?

– Y'a des annonces. Faut chercher...

Le lendemain, à peine sortie du collège, j'ai sillonné le quartier à la recherche d'une annonce-jackpot. Les annonces, c'est comme les œufs de Pâques : il suffit de savoir qu'il y en a pour en trouver. Le problème, c'est qu'elles ont plus souvent quelque chose à vendre ou à louer qu'un job à proposer. Chez le quincaillier, un papier jaunâtre vantait une tronçonneuse d'occase. Chez le boulanger, c'était un lit de bébé (moi, c'est pas le lit qui m'intéresse, c'est ce qu'il y a dedans !). Chez le boucher, des... cours d'anglais. *Thank you so much**, très peu pour moi (heureusement que papa ne fait pas souvent les courses : je le vois déjà partir acheter des côtelettes et rentrer avec des heures sup' d'anglais...) !

J'ai terminé mon périple au supermarché, derrière une colonne et devant un tableau de liège recouvert de petites annonces de toutes les tailles, de toutes les couleurs et de toutes les nationalités.

* Merci bien !

À mesure que je les déchiffrais, ma déception s'intensifiait : une bonne moitié des annonces étaient bien des annonces de baby-sitters. Mais de baby-sitters cherchant du boulot, nuance !

DELPHINE, ÉTUDIANTE EN PUÉRICULTURE...

SOPHIE, AÎNÉE DE CINQ ENFANTS...

ISABELLE, ADORANT LES BÉBÉS...

Comment faire le poids face à tout ça ? J'aurais

voulu lancer ces annonces au nez de Charles pour lui apprendre à me causer de fausses joies...

Au moment où j'allais partir, un type en costume de P-DG m'a bousculée, l'air pressé-stressé. Il a sorti de sa poche un papier, grimacé devant le manque de place... Puis, d'un index impitoyable, il a fait sauter une dizaine de punaises, jeté en boule autant d'annonces comme de vulgaires papiers à cabinet pour placer bien au centre du tableau son bristol à lui, où j'ai lu ces mots :

HELLO ! JE M'APPELLE BARNABÉ JE CHERCHE UNE BABY-SITTER SUPER SYMPA POUR ME GARDER. 01 43 36 75 80. URGENT.

Le temps que je me retourne, le pédégé s'engouffrait dans une voiture noire garée sur le trottoir. Je suis restée un moment à déguster son annonce comme une friandise.

Une baby-sitter super sympa ? Pourquoi pas moi ?

Ce soir-là, entre les parents qui ont le syndrome de la facture et Charles qui est toujours pendu au téléphone, il m'a fallu jouer serré pour accéder au combiné. Vers 20 heures 30, papa devant la télé, Charles aux WC (avec une BD) et maman dans son bain, j'ai eu un créneau inespéré. J'ai fait le numéro : occupé. Toutes les étudiantes en puériculture, les aînées de cinq enfants, les Delphine et les Sophie devaient déjà être en train d'appeler. 01 43 36 75 80. Trois fois, dix fois : occupé. Au douzième gling, papa est arrivé en crabe :

– Tu téléphones à qui, exactement, Marion ?

– Rien, euh... Juste à une copine, pour... euh... À propos du devoir d'anglais, euh... la version, les questions, tout ça...

Mon brave père s'est frotté les mains en prenant la mine de hamster réjoui qui chez lui accompagne les bonnes nouvelles (ou supposées telles) :

– Ah ah ! Est-ce que, par hasard, ma grande fille aurait décidé de se mettre au travail ?

Pauvre papa, il ne croyait pas si bien dire ! Le lendemain matin, pour ne pas risquer de le décevoir, j'ai préféré me rabattre sur la cabine au coin du boulevard. 01 43 36 75 80. Bonheur : au premier coup, ça a sonné. Malheur : c'était un répondeur. *Damned* [1] : ça parlait d'abord en français, puis en anglais. « *Please, leave a message* [2] ». S'il faut laisser mon message en version british, je suis grillée. Allez, Marion, pas de panique. « *After the bip* [3] »... 1, 2, 3, j'y vais !

– Euh... Bonjour... Je m'appelle Marion, j'ai presque... (non, il vaut mieux pas dire mon âge). J'ai vu votre...

Schblounnngglong... La porte de la cabine s'ouvre d'un coup. Je la prends dans le nez avant d'entendre mon frère meugler :

– Alors, miss, on passe ses petits coups de fil en douce ?

Je raccroche. Honte ! Malédiction, *My brother is a... a...* [4]

Je ne connais pas le mot en anglais. Mais il est forcément en dessous de la vérité.

1. Bon sang !
2. « S'il vous plaît, laissez un message. »
3. « Après le bip... »
4. « Mon frère est un... »

2

Un coup de fil payant

À la récré, j'ai utilisé mon joker : j'ai demandé à Sado de pouvoir téléphoner – c'est le surveillant général. Son vrai nom, c'est Mazaud. Son surnom lui va mille fois mieux.

– C'est urgent, M'sieur, vraiment urgent, c'est vrai...

Il a gratouillé sa moustache longtemps, comme quand il calcule les heures de colle :

– Tiens, tiens, et qu'est-ce qu'il y a donc de si urgent, Mademoiselle Girardon ?

Inventer. Toujours inventer. En français, en géo, à la récré. C'est épuisant.

– Euh... c'est ma mère. Elle m'a demandé d'éteindre le four et j'ai oublié... et...

Sado m'a toisée, plein d'incrédule mépris :

– Le four, dites-vous ? Je n'en crois pas un mot. Mais eu égard au risque d'incendie..., a-t-il lâché comme à regret. Allez-y.

Quel tordu, ce Sado ! Il ne me croit pas, mais il a peur de l'incendie. Étonnez-vous après ça que des innocents se retrouvent collés à tout bout de champ...

On ne peut pas avoir toutes les malchances : dans la cabine sous l'escalier, le 01 43 36 75 80 a sonné libre du premier coup, décroché pour de vrai et une voix de velours m'a murmuré :

– Priscilla Plessis-Crusot, j'écoute.

– Voilà, je m'appelle Marion Girardon. Je téléphone pour l'annonce de baby-sitter.

– Vous habitez le quartier ?

Est-ce bon ou mauvais d'habiter le quartier ? Dans le doute, dire la vérité :

– J'habite rue des Acacias...

– Ah, c'est tout près, ça... Et quel âge avez-vous ?

Là, pas de doute, en rajouter :

– Je... je suis dans ma seizième année...

– Vous aimez les enfants ?

Voilà bien une question qui ne m'a jamais effleurée. Aimer les enfants ? Quelle drôle d'idée !

Pourtant, mon instinct malin me souffle de mentir franchement :

–Ah oui, alors là, oui. J'aime beaucoup. Forcément.

–Pourquoi, forcément ? Vous avez des petits frères et sœurs ?

Attention, mentir d'accord, mais pas trop dangereusement quand même.

–C'est-à-dire, j'ai beaucoup de cousins, de cousines, tout ça. Je... je m'en occupe...

En pensant à mes deux pelés de cousins qui ont leur bac depuis longtemps, j'ai presque envie de rire.

–Très bien, Marie-Laure...

–Non, je m'appelle Marion.

–Oh pardon, Marion. Mais j'ai eu tellement de coups de fil depuis hier soir...

Déception incachable dans ma voix :

–Ah, vous avez déjà trouvé quelqu'un, alors...

–Oui, non, enfin peut-être. Je ne suis pas toute seule à choisir, vous savez. C'est une décision familiale. Alors, je vais vous demander, comme aux autres, de m'adresser un petit courrier : nom, photo, références, coordonnées... Et on vous rappellera si on a besoin de vous... OK ?

J'ai raccroché. Un « petit courrier » ! Ben voyons ! Et pourquoi pas la photocopie de mon bulletin trimestriel pendant qu'on y est? « On vous rappellera »... Tu parles! C'est la formule consacrée pour dire qu'on ne vous rappellera jamais, tout le monde le sait! Même moi! J'ai fini la récré ratatinée sur la plus basse marche de l'escalier. C'est là que Camille m'a repêchée. Camille, c'est ma meilleure amie. La preuve? Quand je lui ai raconté mes malheurs, elle m'a illico proposé de venir chez elle après les cours pour écrire à deux ce fameux « petit courrier » :

– Qu'est-ce que t'as à perdre, Marion? On va faire un truc marrant. Ça nous rappellera *Chebby*

chez les Zoulous [1] ! Elle me manque, tu sais, notre BD sauvage, depuis que Chébérèque [2] est partie à la retraite !

On a raconté à Maman qu'on allait travailler le contrôle de musique et on s'est installées chez Camille avec du Coca, des chips, des glaçons et la musique à fond – mais pas le même genre de musique ! Camille, elle ne risque pas d'avoir besoin de faire baby-sitter pour s'offrir un lecteur de CD, elle ! Dans son salon, le problème est plutôt de ne pas marcher sur le matériel hi-fi. Son père est producteur de disques. Sur elle, ça a produit une réaction allergique : elle n'écoute presque jamais de musique. Sauf quand je suis là. La vie est mal faite.

En tout cas, ce jour-là, au son de la géniale guitare d'Éric Clapton et au gré du fabuleux coup de crayon de Camille, mon « petit courrier » s'est transformé en « gros courrier » puis en « courrier illustré » et finalement en « mini-livre ». Au début, Camille m'a photographiée avec le Polaroïd de son père. Puis elle a eu l'idée de me dessiner un bonnet et des habits de bébé. C'était trop rigolo. Du coup, on a fait tout un tas de photos et on les a collées sur un

1. Voir Je bouquine n° 37, *Jennifer l'enfer.*
2. L'ancien professeur d'anglais de Marion.

cahier avec plein de dessins et de mots. Ça donnait, page 1 : COUCOU-BARNABÉ ! Page 2 : C'EST MARION GIRARDON. Page 3 : UNE BABY-SITTER SUPER SYMPA. Page 4 : MARION HABITE 25, RUE DES ACACIAS. Page 5 : ELLE ADORE MANGER DES GLACES. Page 6 : MARION SAIT FAIRE LE POIRIER. Page 7 : ET AUSSI FAIRE LE LAPIN AVEC SON NEZ. Et ainsi de suite jusqu'à 12.

En sortant de chez Camille, j'étais tellement excitée que je suis passée déposer directement notre chef-d'œuvre tout chaud dans la boîte aux lettres des Plessis-Crusot. Ils habitent un superbe immeuble tout en marbre et en plantes vertes, au n° 13 rue Carnot. Les jours suivants, peu à peu, mon excitation a commencé à tourner à l'hésitation : « Zut, j'ai oublié de vérifier les fautes d'orthographe. Il y en a sûrement. Il y en a forcément... » Petit à petit, mon hésitation s'est transformée en consternation. « Sûr, ils ont dû rigoler en recevant mon truc. Ils m'ont prise pour une dingue. J'en suis une. Il aurait fallu écrire une lettre bien propre et bien nette... C'est trop bête... C'est trop tard... »

... C'est un peu tard, mais pas trop, que le téléphone a sonné un mardi soir au milieu du dîner, entre les escalopes et les carottes :

– Ah ! Y'avait longtemps ! a grommelé maman dont les relations avec le téléphone se dégradent de dîner en dîner.

Charles – qui devait encore attendre le coup de fil du siècle – s'est précipité. Une déception mêlée de curiosité s'est affichée sur son visage quand il m'a tendu le combiné :

– Tiens, ma GRANDE, c'est pour toi. Madame Plessis-Croco, ou un truc comme ça...

Papa a presque avalé de travers :

– Plessis-Quoi ? Tu entends, Christine ?

Maman a froncé les sourcils. Après, ils ont disparu comme derrière un écran de fumée, chassés par la voix de velours :

–Allô, Marianne ?

–Non, moi, c'est Marion !

–Ah, excusez-moi, Marion. Priscilla Plessis-Crusot en ligne. Écoutez, nous avons adoré votre petit *booklet**. Très, très chouette. Dites, vous seriez libre samedi pour venir garder Barnabé ?

J'ai entendu ma voix résonner dans le silence de la salle à manger :

–Barnabé... Samedi... Je suis très... très... 13 heures 30... OK... Comment ? Yes, pardon oui, non, je veux dire : pas de problème...

Pas de problème, c'était peut-être vite dit. J'ai raccroché. Trois paires d'yeux ahuris m'ont regardée me rasseoir et marmonner :

–Au fait, c'est quoi un « booklet » ?

–Et ce coup de fil, c'est quoi ? Tu peux peut-être nous expliquer ? a lancé maman, pincée.

Dans un silence digne de la charlotte au chocolat de Mamika, j'ai expliqué que j'avais décidé de gagner mon CD en faisant du baby-sitting. Maman a sursauté :

---

* Livret de présentation.

– Du baby-sitting ? Mais tu n'as jamais vu un bébé de ta vie !

– C'est nous qui devrions embaucher une baby-sitter pour te garder, ou à peu de chose près, a aimablement renchéri papa.

– Y'en a plein qui le font dans ma classe...

– Et alors ? S'il y en a plein qui se jettent dans la Seine, tu t'y jettes aussi ?

J'ai enchaîné sur l'annonce et la suite. Au nom de Plessis-Crusot, la pression est nettement montée :

– Plessis-Crusot, tu dis ? Deux S, I, S, et O, T, en deux mots ?

Au fur et à mesure que j'épelais, j'ai senti l'étau se resserrer :

– Tu sais qui c'est, ces gens-là, Marion ? Patrick Plessis-Crusot, il a sa tête dans le journal toutes les semaines... Il fait la pluie et le beau temps au conseil municipal. C'est le dauphin de Muratori. Probablement le futur maire d'Issy-les-Moulineaux.

Maman a tenté un aparté en direction de papa :

– Psst, Bernard ! Ce serait pas le moyen d'essayer d'obtenir le permis de construire pour la véranda ?

– Ma pauvre Christine, tu vois pas que c'est surtout le moyen d'obtenir une catastrophe qui va nous tomber sur le nez...

Elle a haussé les épaules :

– En attendant, si tu avais accepté de payer à ta fille un lecteur de CD comme tout le monde, on n'en serait pas là...

Papa a haussé le ton :

– Quoi, quoi ? Qu'est-ce qui te prend, Christine, ça va pas ?

Je regardais désespérément Charles qui regardait désespérément le tapis. Après tout, c'est lui qui m'avait lancée sur cette piste. Il pouvait bien dire un mot pour m'aider à m'en sortir avant que l'affaire ne dégénère en bataille rangée. Je lui ai donné un coup de pied. Il a grommelé :

– T'énerve pas, P'pa. De toute façon, faut bien qu'elle y aille. Ils comptent sur elle, ces gens, maintenant...

C'était simple. C'était bête. C'était vrai. Ça a eu l'air de faire de l'effet. J'ai bredouillé :

– Oui... Maintenant, ils comptent sur moi, ces gens...

– Eh bien, bonne chance, a conclu papa, dépité. Ils ne vont pas être déçus du voyage, comme on dit ! En tout cas, moi, je m'en lave les mains !

On était jeudi. En trois jours, j'ai eu droit à une formation de puéricultrice accélérée. Je dirais même « boostée »*. Maman a ressorti du grenier tous

* Intensivement accélérée.

les biberons, lit pliant, pèse-bébé et autres instruments ayant servi à nous élever. Elle a même écrasé une larme en retrouvant mon premier hochet, tout jauni et fendillé. Tétines, stérilisation, hoquet, érythème fessier, enfilage de brassières, rototo-assis-debout-couché, chantonnement de berceuses : les cours pratiques ont alterné sans répit avec les cours théoriques. Elle m'a même envoyée acheter des couches pour faire des essais sur une de mes vieilles poupées. Le tout entrecoupé par les fines plaisanteries de Charles :

– Un petit coup de saxo sur « Fais dodo, Colin, mon petit frère », Mesdames ?

Le vendredi soir, je commençais à dominer mon sujet. C'est le moment que papa a choisi pour me toiser avec une moue de dégoût prononcé :

– Elle va y aller comme ça, avec ce jean troué ? Les Plessis-Crusot vont croire qu'elle prend leur appartement pour un squat, c'est parfait...

On a fouillé mon armoire à fond à la recherche d'une tenue de jeune fille de bonne famille. Bilan : une vieille jupe-culotte beaucoup plus culotte que jupe et une robe à fleurs fanées largement plus petites que moi. Maman s'est pris la tête entre les mains :

– Mais tu n'as rien de correct à te mettre, c'est effarant !

– Peut-être que je ne suis pas une jeune fille de bonne famille, Maman...

– Je ne sais pas, moi, un joli chemisier, une jupe plissée, un cardigan propre ? Il va falloir acheter tout ça...

Au même moment, papa passait dans le couloir :

– Hé ho ! Il faudrait pas que ça coûte plus cher que ce que ça va rapporter, votre histoire !

3

Ciel, mon bébé !

Autant dire que mon cœur battait, ce samedi 27 janvier à 13 heures 29, lorsque, flottant dans une ex-robe de cocktail de maman et coiffée d'un chignon qui avait demandé une heure d'épinglage et de laquage, j'ai appuyé sur la sonnette des Plessis-Crusot du n° 13, rue Carnot. La porte, lourde comme celle d'un coffre-fort, a mis longtemps à s'ouvrir, dans un cliquetis de chaînes. Le cliquetis, c'était les bracelets de la femme qui m'a accueillie avec un sourire large comme un piano :

– Hello, Martine, je suis Priscilla...

Avant que j'aie le temps de rectifier, elle a porté son index bagué à sa bouche :

– Shhht ! Barnabé n'est pas réveillé...

Cascade de boucles vaporeuses, chemisier soyeux, maquillage assorti, elle ressemblait à une héroïne de feuilleton américain, les effluves de parfum en plus :

– Je pars dans une heure à Toronto. Je n'ai pas eu le temps de vous préparer un *briefing** écrit. Posez votre manteau. Je vais tout vous montrer sans faire de bruit...

Un « briefing » écrit ? Charles, au secours ! C'est quoi, ça ?

À peine mon manteau posé sur le canapé blanc de l'entrée, elle m'a entraînée dans un dédale de couloirs et de mots. J'essayais d'avoir l'air attentif, de cacher mon tournis sous des mimiques professionnelles. Sans y arriver.

L'appartement que je découvrais était un peu comme un palais, beaucoup comme un musée et grand comme deux fois notre maison mise à plat, jardin compris. Au milieu du salon, dans un bac en pierre, s'élançait un palmier qui semblait vouloir percer la verrière située au-dessus de lui. Le sol de marbre étincelait comme dans une publicité. Par flashes, des images de chez moi m'apparaissaient en superposition. Chez moi, où le fouillis envahit le moindre recoin à la moindre occasion, où chaque

* Des consignes.

centimètre de surface horizontale est recouvert de strates[1] géologiques de papiers, de poussière, d'objets idiots, inutiles, laids, cassés, ou tout ça à la fois.

– La chambre de Barnabé est là. Il sera peut-être étonné de vous trouver quand il se réveillera. La nounou qui le gardait est partie un peu précipitamment. C'est un enfant exceptionnel, vous verrez ! Je rêve de pouvoir prendre quelques *days off*[2] pour

1. Couches.
2. Jours de congé.

m'occuper de lui à 150 pour cent, en immersion totale. D'ailleurs, un jour, je le ferai...

Les cheveux de Priscilla bougeaient, dansaient, mais revenaient toujours en place. Comme tout dans cette maison. Tout, sauf ma tête, malheureusement. Au fur et à mesure, les consignes s'y embrouillaient à qui mieux mieux. La table à langer valsait avec le numéro du médecin, le micro-ondes avec la pommade pour les fesses. Tant pis, je me débrouillerai. Au besoin, je téléphonerai à maman...

– Patrick, mon mari, rentrera vers 19 heures. Je vous laisse la clé accrochée ici et un peu d'argent, si vous voulez descendre acheter du pain ou quoi que ce soit.

De son sac, elle a sorti un billet de cinq cents francs. Dommage que le boulanger ne vende pas de lecteurs de CD. J'aurais presque pu m'en payer un avec la monnaie.

Là-dessus, elle a enfilé un manteau de fourrure aussi vaporeux que ses cheveux, saisi un sac de voyage qui attendait près de la porte d'entrée et m'a lancé un :

– Bonne chance, Maryvonne, prenez bien soin de mon bébé d'amour !

Avec un « pschiiiuuut » ultra-moderne, l'ascenseur s'est refermé sur elle comme un sarcophage d'acier.

Je me suis laissée tomber sur le premier fauteuil à ma portée. Je me sentais très grande, aux commandes de ce vaisseau immense. Et en même temps très petite, comme écrasée par cette immensité. Que faire ? Par où commencer ? Dégoter un dictionnaire pour y chercher le mot *briefing* ? Appeler Camille et lui livrer mes premières impressions en exclusivité ? Feuilleter la pile de journaux qui me tendaient leurs pages sur la table basse ? Par la baie vitrée, sur le ciel vidé de nuages, la ville immense, les arbres nus, le soleil d'hiver, glacial et parfait, semblaient assortis au décor. Là-bas, sur les collines de Meudon, les voitures roulaient comme des Dinky Toys*...

Dans le silence, un petit bruit mouillé m'a fait me retourner. Clap... clap... clap. Y aurait-il une fuite dans ce palais ?

C'est là, dans l'encoignure de la porte, que j'ai vu un tigre. Un tigre rose, pelé, déglingué, dans les mains d'un gamin en tee-shirt rayé. Sous une crinière de cheveux blonds bouclés, les yeux noirs du petit me dévisageaient. Malgré son pouce, sa bouche a émis un son :

* Marque de jouets célèbre pour ses petites voitures.

– Pourquoi t'es à ma maijon, toi ?

Un cri – presque un cri d'épouvante – m'a échappé :

– C'est toi, Barnabé ?

– Quand tchu t'en vas ?

Et moi qui m'attendais à un nourrisson dans un panier !

– Réponds-moi, c'est toi Barnabé, t'es pas un bébé ?

– Tou'suite, tchu t'en vas de ma maijon, toi ?

Je me suis approchée. Sa gourmette en or gravée ne laissait place à aucune ambiguïté : c'était bien Barnabé. Au même instant, ses petits pieds sont repartis sur le marbre glacé.

Clap... clap... clap... clap...

Et puis plus rien.

– Barnabé ! Barna-bé ! Bar-na-bé !!

Du sourire à la franche exaspération, j'ai scandé ces trois syllabes pendant dix minutes sur tous les tons. Comment retrouver un gamin caché dans ce labyrinthe ? C'est pire que de chercher une aiguille dans une botte de foin. J'ai ouvert cent portes, soulevé cent rideaux, rampé à quatre pattes sous cent canapés :

– Baar-naa-béé ! Baaaar-naaaa-béééé !

La sueur a commencé à perler sous mon chignon :

– Barnabé ! C'est pas drôle. C'est horrible ce que tu fais. Je vais pleurer si tu continues...

À ces mots, un rire a fusé à l'intérieur d'un placard.

J'ai ouvert la porte, scandalisée :

– Ça te fait rire quand je dis que je vais pleurer ?

– Quand tchu t'en vas de ma maijon, toi ?

– Barnabé, je ne m'en vais pas. Je suis venue pour te garder. Je reste là...

Avec un brusque plop ! il a enlevé son pouce de sa bouche :

– C'est pas toi qui me gardes ! C'est Edwina ! Moi ze la aime, Edwina !

Adieu, leçons de brassières, de tétines, de rototos. Me voilà seule face à l'adversité...

– Écoute, je ne sais pas qui est Edwina. Moi, je m'appelle Marion... Dis gentiment : bonjour, Marion...

– T'as un cadeau pour moi, toi ?

Allons bon ! Il faut apporter une offrande si on ne veut pas se faire massacrer, ici ! Comme dans les tribus cannibales. C'est gai !

– Écoute, là, non, j'ai pas de cadeau. Mais peut-être la prochaine fois. Si tu es gentil. Tu veux pas retourner un peu dans ton dodo ? Ta maman a dit que tu devais dormir jusqu'à quatre heures.

– Retourne dans ton dodo aussi, toi !

Tant de cruauté dans un si petit gabarit... J'en suis restée bouche bée.

– C'est pas gentil, ce que tu dis, Barnabé...

– Moi, ze m'appelle pas Barnabé, d'abord !

Un espoir fou m'envahit d'un coup... Et s'il y avait une erreur ?

– Ah bon ! Et tu t'appelles comment, alors, dis-moi ?

– Moi, ze m'appelle bébédamou, moi !

Les derniers mots de Priscilla me sont revenus d'un seul coup : « ... prenez bien soin de mon bébé d'amour »... Barnabé-bébédamou, même combat.

– Bébé d'amour ? C'est un nom pour un petit garçon gentil, ça... Tu dois être très gentil alors, si tu t'appelles bébé d'amour.

– Non, moi suis pas zentil du tout, moi !

Je commençais à m'en douter...

4

Pas dodo !

Malgré mes supplications, mes exhortations et mes contorsions, Barnabé n'a jamais voulu se recoucher. Chaque fois que je m'approchais en lui susurrant délicatement : « Hé ! J'ai une idée : si tu retournais un peu dans ton dodo ? », le bébé d'amour rugissait aussitôt : « NAN ! PAS DODO ! ».

J'ai bien tenté de l'y pousser un peu de force. Mais très vite, je me suis sentie comme ces vachers qui essayent de faire rentrer dans son enclos un taureau récalcitrant... L'animal ruait, se cabrait, bottait. Le rodéo, c'était de la blague à côté.

À 13 heures 57 – même pas une demi-heure de passée depuis mon arrivée ! –, il ne restait quasiment plus rien de mon chignon, ni de mon espoir de remettre Barnabé sous sa couette. J'ai ouvert les volets, les rideaux, et je me suis assise un moment, histoire de récupérer. La chambre de Barnabé ressemblait à une vitrine de Noël. Tous les camions, les robots, les garages, les peluches, les Mickey de tous les rayons de jouets semblaient s'y être donnés rendez-vous. Et il m'avait encore demandé un cadeau, quel culot ! Accroupi contre le mur, ses petites jambes potelées dépassant de sa couche-culotte, il me regardait sans bouger. Vu comme ça, de loin, il était vraiment mignon. Un angelot. Un chérubin. Le genre d'enfant qu'on a envie d'embrasser partout et devant lequel on s'exclame : « Il est à croquer » ! Je dis bien : de loin.

Après un bon moment passé à nous observer mutuellement, je me suis lancée :

– Bon, Barnabé, on va peut-être s'habiller, hein ?

– Nan ! Pas s'habiller !

– Comment, « pas s'habiller » !?! Tu veux rester toute la journée avec ta couche mouillée, alors ?

– Nan ! Pas cousse mouillée alors !

– Ah, c'est bien ce que je disais. Donc on va enlever la couche, et tu vas t'asseoir gentiment sur le pot. Regarde le joli pot en forme d'hippopotame. C'est rigolo de faire pipi dedans, OK ?

– Pourquoi ?

– Pourquoi quoi ?

– Pourquoi c'est rigolo faire pipi dodans OK ?

– Parce que sinon, tu vas faire pipi dans ta culotte, après... Et ça, c'est pas rigolo...

– Pouquoi c'est pas rigolo ?

– Ben, parce que c'est dégoûtant. C'est les petits chiens qui font ça...

– Zont une coyotte les petits ssiens ?

– Non, ils n'ont pas de culotte les petits chiens...

– Pourquoi font pipi coyotte alors ?

– Écoute, Barnabé. On ne parle pas de ça. Pour l'instant, je t'enlève ta couche, tu t'assieds sur le pot, et voilà !

– Et tu racontes une histoire, toi ?

Splotch... Splotch... Je défais les scotches de la couche-culotte. Il se dirige vers le pot. Moi, vers l'étagère de livres. C'est presque gagné.

– Quelle histoire tu veux ? « Lapinou au zoo » ? « Le camion de Coin-Coin » ?

– Nan. Veux le méssant gragon qui manze le saucisson et y a l'oraze qui vient...

– C'est quoi, cette histoire-là ?

– C'est Edwina elle raconte cette histoire-là !

Le revoilà avec son Edwina !

– Oui, mais moi, je ne suis pas Edwina, Barnabé. Je te l'ai déjà dit : je suis Marion, moi !

Il met en route la sirène cachée dans son gosier :

– Moi veux le méssant gragon de Edwina ! Moi veux Edwina ! Edwiiinaaa ! Edwiiinaaa !

Au secours ! Mes oreilles sifflent, mes nerfs vrillent, je me défile :

– OK, OK, OK, Barnabé, t'as gagné. On laisse tomber le pot. On s'habille, et point à la ligne.

– C'est quoi point lalaline ?

– C'est rien du tout. Ça veut dire on s'habille, et c'est tout...

– Moi veux m'habiller en Zorro, moi...

C'était pas au programme de ma formation, ça ! Il sort de son armoire un grand carton noir. Cape, masque, sombrero, épée... Pendant que je fais l'inventaire de la panoplie, il me tend un chapeau pointu en carton cabossé, surmonté d'une touffe de filaments scintillants :

– Et toi, tu mets ce papeau-là, toi, mets, mets, allez...

Je regarde l'effarant couvre-chef :

– Oh, mais c'est un chapeau de fée, ça ! Je ne suis pas une fée, moi, tu sais, Barnabé... Je ne...

– Tu mets ça !

– Mais... Mais... Ça va me décoiffer...

Bébéchou commence à trépigner :

– Edwina, elle met touzours ce papeau-là, alors toi aussi, tu mets ça et point lalaline !

Quelques minutes plus tard, je respire à fond sous mon chapeau de fée. Je tente de me persuader qu'il va me donner des forces magiques pour affronter la suite. La suite ? Zorro pointe sur moi son épée :

– Z'ai faim. Veux mon goûter.

– Ton goûter ? Mais il n'est que deux heures dix, Barnabé ! Tu ne préfères pas attendre un peu ?

– Nan. Veux mon goûter tout de suite !

Nous traversons l'appartement jusqu'à la cuisine blanche, immaculée, supersonique. Priscilla a dû me dire en quoi consistait le goûter. Mais ça me semble loin, si loin. Une autre journée, une autre vie, un autre siècle. Au hasard, j'attrape une banane. Je commence à l'écraser. Il me regarde faire. Et quand j'ai fini :

– Veux des corn flesk...

J'ouvre les tiroirs, les placards. Je tombe sur le gisement, un assortiment de céréales digne de la vitrine d'un épicier :

– Lesquels tu veux, ceux-là ?

– Nan !

– Ceux-là ?

– Nan !

Les derniers sont les bons. Je l'aurais juré ! Je pose un bol sur la table et en route :

– Plus ! Plus ! Plus !

– Avec du lait ?

Il baisse la tête goulûment, comme un petit affamé.

Gloup-gloup, le bol de corn flakes frôle le débordement...

C'est là qu'il le repousse d'un poing dédaigneux.

Et BLING... JBLOUNG... SHPLOF ! le bol dégringole :

– Veux pas ça ! Veux un yaroute !

– Non mais, dis donc, tu sais que tu commences à me pomper l'air, toi ?

Et PAF ! je lui allonge une baffe. Une vraie, remontée de la nuit des temps et de mon éducation anti-gaspi. Et OUINN ! il se met à hurler. Et DRIINNGG ! le téléphone s'y met aussi. Et OUINN ! Et DRIINNGG ! Et OUINN ! Et DRIINNGG !

J'enjambe la bouillie faïence-lait corn-flakes étalée au sol et je décroche le téléphone mural d'un ton rogue :

– Oui !

Une voie d'airain me cueille :

– Allôôô ?

Un petit silence.

Un grand OUINN !

– Je suis bien au 01 43 36 75 80 ?

– Peut-être. J'connais pas le numéro par cœur. Ils ne sont pas là de toute façon...

Un grand silence. Un énorme OUINN !

– Je ne suis pas chez Madame Plessis-Crusot ?

OUINN ! OUINN !

Je fais signe à Barnabé de se taire. Il hurle de plus belle. Moi aussi :

– Si, si, vous y êtes !

Le débit de la voix s'accélère :

– Mais qu'est-ce qui se passe ? Edwina n'est pas là ?

OUIN ! OUINN ! OUINNN !

Je colle ma main sur la bouche du nain :

– C'est de la part de qui ?

OUIN ! OUIN ! OUIN !

Les cris de Barnabé sont un peu étouffés. La voix d'airain, en revanche, s'affole :

– Écoutez ! Je n'ai pas envie de plaisanter. Je suis la grand-mère de Barnabé. Qui êtes-vous ?

Je sens qu'il faut faire un petit effort :

– Ah, bonjour, Madame. Ne vous inquiétez pas. Je suis la nouvelle baby-sitter...

– La nouvelle baby-sitter ? Mais depuis quand ?

– Depuis ce matin, enfin non, depuis une heure et demie...

– Mais comment ? Mais pourquoi ? Mais d'où venez-vous ?

– Ben, de la petite annonce du supermarché...

– Oh, mon Dieu !

Plus j'essaie de la rassurer, plus elle semble paniquée. Je l'entends crier à la cantonade :

– Henri, tu entends ça ? Priscilla a recruté une fille que personne ne connaît ! Par une annonce au supermarché ! Tu entends ? Le petit est tout seul

avec une folle ! Il hurle ! C'est dramatique ! On peut y aller ? Henri ! Il y a des avions à cette heure-ci ?

OUIN ! OUINN ! OUINNN !

Dès que j'ôte ma main de la bouche de Barnabé, ses beuglements envahissent tout. Et la voix :

– Seigneur ! Le petit est sûrement blessé pour crier comme ça ! Quelle horreur ! Il saigne ? Il y a du sang ?

– Mais non ! On était en train de jouer !

– En train de jouer ? Ne dites pas n'importe quoi, Mademoiselle, je vous prie ! J'ai élevé cinq enfants. Je sais ce que c'est... Passez-le-moi, passez-moi ce petit chéri, immédiatement !

Je n'ai même pas réfléchi. De la main qui bouchait la bouche de Barnabé, j'ai bouché le combiné. De l'autre, j'ai secoué le gamin comme un prunier, avec les yeux les plus méchants de ma vie :

– Barnabé, fais gaffe, hein ! Tu arrêtes de hurler ! Tout de suite ! Et tu dis à ta grand-mère que tout va bien ! Sinon, ça va mal aller...

Il m'a regardée. Une drôle d'étincelle est passée dans ses yeux noirs :

– Tu vas donner une crosse fessée à moi ?

J'ai joué la méga-intimidation :

– Oui... Et même des coups de bâton !

Il a avalé un sanglot, attrapé le téléphone :

– Moi ze zoue beaucoup, ze m'amuse beaucoup, ze suis très zentil, Marion est très zentil, ze pieure pas di tout di tout di tout, rovoir Grany, bye bye...

Là-dessus, il a raccroché. Quel sens de l'improvisation ! Pour un peu, je l'aurais applaudi. Il ne m'en a pas laissé le temps :

– Moi veux du ssocolat pou mon goûter...

– Du chocolat ? Avec une tartine ?

– Nan ! Du ssocolat ssaud, avec du lait ssaud !

– Bon, d'accord. Parce que tu as été gentil au téléphone... Mais tu le bois sans faire d'histoires cette fois !

À peine la casserole sur le gaz, ça a sonné.

5

Au secours !

Le temps que j'arrive à la porte, ça a sonné une deuxième fois.

Dès que j'ai appuyé sur le bouton de l'interphone, une voix d'homme m'a fait sursauter :

– Ben alors ?

– Qui est-ce ?

– Ben, Idébati, pour la descente d'eau !

– Quelle descente d'eau ?

– Raaahhh ! C'est pas vrai, ça ! Idébati ! Monsieur Lidio ! Le plombier de l'immeuble ! Le dégât des eaux !

– Quel dégât ? Je ne suis pas au courant...

L'homme a commencé à s'énerver :

– Bon, vous ouvrez, là ou quoi ? J'ai pas que ça à faire, moi !

Serré contre ma jambe, Barnabé a murmuré :

– C'est un voleur ?

Je l'ai regardé sans savoir quoi dire. Il venait d'exprimer à haute voix la frayeur que je ressentais tout bas. Ma main tremblait légèrement en prenant son bras :

– Viens, on retourne dans la cuisine, on n'ouvre pas...

Avant qu'on ait atteint le couloir, la sonnette carillonnait à coups stridents, répétés, agressifs. Impossible de ne pas répondre. Cette fois, c'était une voix de femme :

– Madame Plessis-Crusot ?

– Non, je suis la baby-sitter !

– Elle est là, Madame Plessis-Crusot ? C'est Madame Pinson, la gardienne...

– Je suis toute seule, je ne suis pas au courant, je...

– Oui, non, mais là, faut le laisser entrer, le plombier. Tous les copropriétaires ont reçu un courrier. Faut ouvrir, ouvrez...

J'ai donc ouvert. Des bruits de chargement, de déchargement, de caisses poussées et tirées résonnaient depuis le rez-de-chaussée. On se serait cru sur les docks de Marseille.

Barnabé a tiré ma robe de cocktail :

– C'est qui qui vient ? C'est Grany ?

L'ascenseur lui a répondu à ma place : son « pschiiiuuut » s'est ouvert sur un immense type à moustaches, aussi rouge que son anorak :

– Ben dis donc, si tous les clients étaient comme vous, on bosserait pas souvent, ma parole !

– Moi, je suis là pour m'occuper du petit. Pas pour ouvrir à n'importe qui...

– N'importe qui ? N'importe quoi, oui ! La descente d'eau, elle est naze. Ça fuit tout du long dans l'immeuble. À la première averse, vos patrons, ils vont pouvoir ouvrir une piscine, ici ! Vous feriez mieux de me dire merci...

Mes patrons ! Je suis restée un moment sous le choc. Priscilla, ma patronne ? Et Barnabé, alors ? Mon tyran ? En attendant, le tyran s'est planté devant le gros moustachu :

– T'es méssant, toi ?

Interloqué, l'autre a baissé les yeux vers Barnabé :

– Moi ? Ben pourquoi que je serais méchant ? Et toi, t'es sage ?

– T'as un fusil, toi ?

Le plombier m'a regardée :

– Il est drôle, votre gosse...

– C'est peut-être à cause de vos outils...

Mais Barnabé n'avait pas fini son interrogatoire :
– Comment tu t'appelles ?
– Lidio...
– L'idiot ? T'es un idiot ?
– Non, ça s'écrit pas pareil. Lidio, c'est mon petit nom, c'est espagnol, mon petit gars, a précisé l'homme en posant sa lourde sacoche à bandoulière.

Deux minutes plus tard, Lidio avait pris possession des lieux.

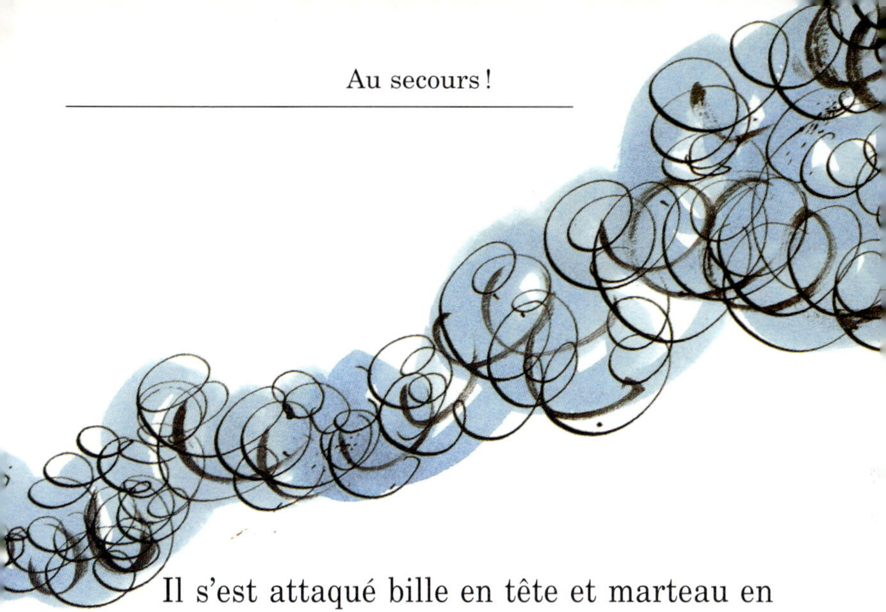

Il s'est attaqué bille en tête et marteau en main à un gros tuyau dans le couloir central. Le plâtre a commencé à voler en éclats, pour la plus grande joie de Barnabé. Dix minutes plus tard, le palais ressemblait à un chantier. Une demi-heure après, à un chantier bombardé. Des gravats, tantôt poudreux, tantôt suintants, dégringolaient de toute part sur le beau marbre brillant. Barnabé gambadait au milieu en poussant des cris de guerre, troquant son épée contre des scies, des pinces, des clés à molette. Sa tenue de Zorro virait au blanc. Moi, je virais plutôt au vert :

– Dites, Monsieur, faudrait pas protéger un peu ?

– Non, c'est que le début, ça. Le nettoyage, on verra après !

Une nette odeur de brûlé a commencé à se

répandre sur la zone. Je me suis approchée du plombier :

– Ça sent une drôle d'odeur, vous trouvez pas ? C'est vos outils qui sentent comme ça ?

Il a arrêté de taper. Il a plissé le nez :

– Sûr ! Ça sent bien le cramé. Mais ça vient pas de moi. Vous avez rien qui brûle à la cuisine ?

Brusquement, ça m'est revenu : le lait ! Le lait sur le feu !

De lait, en fait, il n'en restait plus. Quant à ce qui restait de la casserole, je l'ai aperçu à travers l'épaisse fumée qui avait envahi la cuisine : une forme ronde, recouverte d'une croûte noire genre goudron cloqué, d'où sortaient des flammèches folles. J'ai coupé le gaz, saisi le manche calciné à travers un torchon roulé en boule et jeté le tout dans l'évier en faisant couler l'eau froide à grand jet. Ça a crépité comme un orage de grêle. Le caoutchouc de protection de l'évier est entré en fusion. J'ai fait de grands moulinets dans l'espoir de chasser la fumée. Efficacité nulle ou presque. J'ai ouvert la fenêtre, respiré dehors pour dégager mes sinus asphyxiés. Comment faire disparaître les traces de mon méfait ? J'ai avisé une porte, au fond. Elle donnait sur le palier de l'escalier de service. Et si je descendais la casserole à la poubelle en vitesse ? Un

escalier de service, ça mène toujours discrètement aux poubelles de l'immeuble. C'est fait pour ça. Fait pour moi. J'ai attrapé la casserole. Le caoutchouc de l'évier, collé au fond, est venu avec. Tant pis, je n'étais plus à ça près.

À peine avais-je mis le pied sur le palier qu'un bruit sec m'a fait sursauter. Zut. La porte venait de claquer dans mon dos. Le courant d'air de la fenêtre sans doute. Heureusement, le plombier est là.

Je sonnerai dans le hall. Il m'ouvrira. J'ai dégringolé les cinq étages quatre à quatre.

Un jus aussi noir que de l'encre dégoulinait derrière moi, goutte à goutte, le long des marches, comme les cailloux du Petit Poucet. Drôle de Petit Poucet ! Soudain, à force de descendre, je me suis retrouvée dans un parking éclairé par des néons blafards. Je n'étais pas très rassurée. J'ai poussé une porte, deux portes, trois portes : pas de poubelle à l'horizon. J'ai grimpé quelques marches, franchi un sas, et là, surprise : je me suis vue. Moi. Dans l'immense miroir de l'immense hall d'entrée de l'immeuble. Moi, minuscule, rigide, le chapeau pointu sur mon chignon ruiné, ma casserole caoutchoutée-cramée à la main et des traces noires plein la figure. Mais le plus grand choc était dans mon dos.

Pschiiiuuut. Un instant, j'ai cru à une vision. Je me suis retournée, non, c'était bien lui : l'ascenseur venait de s'ouvrir sur Lidio :

– Qu'est-ce que vous faites là ?

– Je vais chercher la clé de 12 dans le camion, pour mettre en route la mèche à béton.

– Vous avez la clé ?

– Ben non, puisque je vous dis que je vais la chercher...

– Non, la clé de l'appartement...

– C'te blague, comment que je l'aurais ?

– C'est pas du tout une blague ! Je ne l'ai pas non plus ! Et le petit ?

– Le petit ? Il est là-haut, il joue avec les outils...

Mon cœur s'est mis à battre la chamade :

– Mais il est tout seul ! C'est terrible ! Vous pouvez pas prévenir avant de sortir ?

– Ben et vous ? C'est vous qu'êtes responsable du gamin, que je sache. Vous disparaissez sans rien dire ! Vous voulez que je leur dise à vos patrons ? On va voir qui qu'est dans son tort...

Je ne l'écoutais plus. Barnabé. Tout seul. Là-haut. En train de jouer avec les outils. Un bras coupé. La perceuse. La scie...

La forte voix de Lidio a transpercé mon effrayante rêverie :

– Pis vous avez vu l'heure qu'il est ? À quelle heure que je vais finir ma journée, moi, avec vos salades ?

– Ça m'est égal ! Le petit est tout seul là-haut, vous comprenez ?

– Y'a pas de fenêtre ouverte au moins ?

Mon Dieu, la fenêtre de la cuisine. Ça y est ! Je vois déjà Barnabé marcher sur le rebord de la gouttière... Le vent s'engouffre dans sa cape de Zorro... Ses petits pieds vont glisser, c'est sûr !

– Faut enfoncer la porte, M'sieur... Vous pouvez ? Avec tout votre matériel, là, vous pouvez ?

– Vous rigolez ? Moi, je suis plombier, pas serrurier. Une porte blindée comme ça, il y en a pour deux heures à la descendre... Et puis, c'est vous qu'allez payer ?

J'ai l'impression que je vais m'évanouir sur place, au milieu du hall. Cette journée est un train fou et je n'ai rien pour l'arrêter. Sous mon noir de fumée, je dois être blanche. Le plombier me regarde, mi-furieux, mi-curieux :

– Bon, alors, et maintenant, on fait quoi ?

– Vous, vous me fichez la paix, voilà !

Je ne veux plus le voir, ce crétin de plombier. Je me jette dans la rue comme une folle. Mon cœur cogne, un vrai tam-tam. Dans ma tête, une vague idée émerge par instants du cahot : rentrer à la maison, vite, appeler mes parents au secours. Je cours. Je cours. Mais pourquoi c'est si loin, chez moi ? Barnabé a déjà eu le temps de tomber dix fois, cent fois... Je me cogne contre une fille qui pousse la porte d'une cabine téléphonique. Je l'arrête. Je la secoue. Je n'ai pas le choix :

– Vous avez une carte de téléphone ?

– Pourquoi ?

– Donnez-moi votre carte, vite ! La vie d'un enfant est en jeu...

Avant que la fille ait le temps de comprendre ce qui lui arrive, le téléphone sonne chez moi. Trois, six, dix sonneries. Saleté de téléphone qui sonne dans le vide. Et puis soudain, une voix pâteuse :

– Mouais...

– Charles ?

Au bout du fil, un bâillement mou comme un vieux chewing-gum :

– Tu pourrais faire gaffe. Je dormais...

– Oui, mais moi, je dors pas, figure-toi ! Le petit est tout seul là-haut avec la perceuse, la scie et tout et...

– Hé, qu'est-ce que t'as bu, hé, arrête l'alcool, ho...

– Arrête toi-même, zut ! La fenêtre est ouverte ! Il peut se casser la figure, là, maintenant ! Du cinquième ! C'est...

– C'est où, ce truc, à la télé ?

Je trépigne dans la cabine. La fille me regarde de travers...

– Passe-moi maman, t'es trop nul !

– Ça risque pas : ils sont partis acheter une veste pour papa. À mon avis, je suis peinard jusqu'à...

Peinard ! Mon frère est encore plus écœurant que ce que je pensais. Entre deux éclairs de rage, mes yeux tombent sur un petit panneau sur le côté de la cabine : NUMÉRO D'URGENCE POMPIERS 18.

Gling ! Je raccroche au nez de Charles.

... Heureusement, les pompiers n'ont pas fait d'histoires pour me croire. Deux minutes plus tard, la sirène résonnait au bout de la rue. Pourvu que Barnabé n'entende pas ! Pourvu qu'il n'ait pas l'idée de venir à la fenêtre. Des badauds ont commencé à s'agglutiner. J'avais envie de faire « chut ! » à tout le monde. Comme si chaque mouvement, chaque mot, risquait de provoquer une catastrophe. En quelques secondes, la grande échelle est venue se placer à hauteur du cinquième étage, face au balcon de la cuisine. Un pompier a commencé à gravir les marches de fer. Au même instant, le chapeau de Zorro est apparu, là-haut, à la fenêtre. J'ai hurlé :

– Barnabé ! Barnabé, ne bouge pas ! Pitié ! Barnabé !

Le pompier a accéléré. Il y a eu des Oh ! et des Ah ! : un rouleau de papier WC rose venait de jaillir du vantail* ouvert. Une coulée de vertige m'est descendue dans les talons. Fil d'un cerf-volant en folie, le papier WC s'est déroulé, déroulé, flottant au vent jusqu'au trottoir. Là-haut, la petite main de Barnabé agitait l'autre extrémité en criant :

– Hé, Marion ! Z'ai fait caca, moi !

Quand le pompier a pris Barnabé dans ses bras, j'ai bondi de joie au milieu de la rue comme si j'avais gagné la médaille d'or aux Jeux olympiques de baby-sitting.

J'ai même sauté au cou de Lidio :

– Oh, monsieur Lidio, quel bonheur, quelle horreur...

– Ouais, ben moi, c'est pas pour me vanter, mais je vous confierais pas mes gosses à garder ! Remarquez, ça tombe bien : j'en ai pas !

Après ça, tout pouvait arriver. J'étais plus blindée que la porte d'entrée. Plus rien ne pouvait me

* Battant de la fenêtre.

PIN PON

démonter. Le pompier nous a ouvert l'appartement de l'intérieur. Je me suis jetée sur le gamin.

Je l'aimais. Je l'adorais. J'ai même pensé que ça devait être comme ça d'avoir un vrai enfant à soi. Le pompier nous a dit au revoir. J'aurais voulu lui offrir le champagne. À lui, aux autres, à tout le quartier.

Il a souri :

– Vous savez, si on trinque à chaque intervention, on finit pas la journée, ma p'tite demoiselle !

– Pourquoi tu t'en vas ? lui a demandé Barnabé, déçu.

– Ha, ha, faut que j'aille aider d'autres gens, maintenant...

Et il est parti. C'est incroyable. Moi, je venais de vivre une aventure que je n'oublierais jamais. Lui, juste un boulot parmi les autres boulots de la journée. J'ai refermé la porte, toutes les fenêtres et je me suis attaché la clé autour du cou. Dès que Lidio a recommencé à taper sur son mur – pour la plus grande joie de Barnabé –, j'en ai profité pour re-téléphoner à la maison. Cette fois, mon cher frère avait l'air un peu plus réveillé :

– Marion ? Ben où t'es ?

– Les parents sont rentrés ?

– Non, pas encore...

– Ouf, j'ai eu peur !

– Pourquoi ouf ?

– Cherche pas à comprendre... Dis donc : pas un mot de mon coup de fil de tout à l'heure, hein... Tu m'entends ? Motus !

– C'était une blague ?

– C'est ça, oui. C'était une blague. Je t'ai bien eu, hein ?

– Bof, moyen. C'était bizarre. On aurait dit que t'étais essoufflée. J'ai voulu te rappeler. Mais je me souvenais plus du nom des gens chez qui tu gardes le marmot, là, Plissot-je-ne-sais-quoi...

– Oui, oui. Merci et bravo pour ton efficacité, vieux. La prochaine fois que j'aurais besoin de rien, je t'appellerai. En tout cas, si tu lâches un mot sur ma blague aux parents, je te préviens, je mets tous tes CD dans la cocotte-minute à fond. Et ton lecteur, je le...

– Dis donc, ça te rend drôlement nerveuse, le baby-sitting...

– Pas du tout. Je suis hyper-calme. J'ai dormi tout l'après-midi...

– Pétard ! Payée pour dormir, le bol...

La nuit commençait à tomber quand Lidio a terminé. Je l'ai aidé à ranger. Il m'a aidée à ranger.

Barnabé nous a pas mal aidés à déranger, mais on a fini par finir. J'ai proposé à Lidio de manger quelque chose avant de partir :

– Z'ai faim, moi ! a répondu Barnabé.

On s'est installés tous les trois dans la cuisine où flottait encore une odeur de brûlé. J'ai sorti du fromage, du pain, des yaourts.

– Moi veux un zœuf, a déclaré Barnabé.

J'ai été très ferme :

– Pas question ! Je ne fais rien cuire, même pas réchauffer !

– Ça creuse, des journées comme ça ! a commenté le plombier.

– C'est comme si Lidio y serait été mon papa et Marion ma maman, a ajouté Barnabé.

Peu après le départ de Lidio et de tous ses outils, Barnabé s'est endormi sur la moquette. Au moment où je le glissais sous sa couette, j'ai entendu une clé dans la serrure.

C'était le pédégé qui rentrait :

– Bonsoir ! Tout va bien ? Ça baigne ?

J'ai pris l'air super-hyper-méga décontracté :

– Tout à fait, tout à fait...

Il n'y a vu que du feu. C'est le cas de le dire. Il m'a payée. Un peu plus que ce que j'avais calculé. Mais peut-être que je le méritais...

Le lendemain soir, à la maison, le téléphone a sonné entre le rôti et les petits pois.

– Raaahhh, c'est pas vrai, ce téléphone pendant les repas ! a pesté maman en se traînant jusqu'au guéridon.

Mais le ton de sa voix a bientôt viré au mielleux-mondain du plus bel effet :

– Ah bonjour, bonsoir, Madame... Oui, oui, oui... Je... Enchantée... Je suis la maman de Marion... Ah bon ? Bon, bon, bon...

Dès que j'ai compris de qui il s'agissait, j'ai commencé à trembloter comme quand on nous rend un contrôle. Les Plessis-Crusot ont-ils vu ? Ont-ils compris ? Barnabé, le plombier, quelqu'un aurait-il parlé ? Maman continuait :

– Oui, Marion a pas mal d'imagination... C'est vrai... Très... resp... responsable, vous trouvez ? Vraiment ? (rire de gorge). Oui, on les voit toujours bébés... Ha, ha, ha ! Ne quittez pas, je vous la passe...

Prête au pire, j'ai pris le téléphone. La voix de velours m'attendait, toujours aussi veloutée :

– Allôôôô ? Merciii ! Barnabé s'est amusé comme un petit fou avec vous, Marie-Louise !

– Non, moi, c'est...

– Oh si, si, si ! Il m'a raconté une histoire de pompiers ! Je n'ai rien compris, mais ça avait l'air géniaaal... C'est vous qui l'avez inventée ?

J'ai avalé ma salive, émis un petit rire discret :

– Ha... Euh... Oui, oui...

– Formidaaable ! À la première occasion, je vous rappelle !

J'ai raccroché. Je me suis rassise, si ragaillardie que j'en chantonnais.

– J'avoue que je suis assez étonnée, a déclaré Maman en hochant la tête, les Plessis-Crusot t'ont trouvée formidable, Marion. Et ce sont sûrement des gens très exigeants...

– Je crois que tu peux surtout dire merci à ta mère de t'avoir appris le métier de baby-sitter entre jeudi et samedi, a ajouté papa.

J'en ai chantonné d'aise.

– On ne chante pas à table ! n'a pu retenir Charles dans une bouffée de jalousie.

Je lui ai envoyé un baiser. Pauvre grand Charles ! Il n'a pas fini d'être jaloux. Quand il va voir le lecteur de CD que je vais bientôt pouvoir me payer...

TABLE DES MATIÈRES

Dans la série Je bouquine de Bayard Poche, il y a de grandes aventures à savourer...

Des livres d'aventures frissonnantes

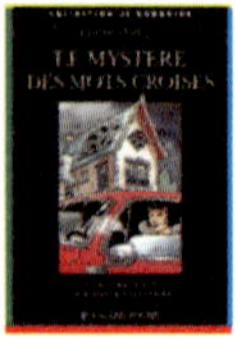

***Le mystère des mots croisés* (JB 29)**

Louis Mortier reçoit une lettre de Bangkok et pâlit en découvrant son contenu : une grille de mots croisés qui fait allusion à des événements de sa vie qu'il croyait oubliés. Un mystère à élucider !

Écrit par Didier Sénécal et illustré par Damien Chavanat.

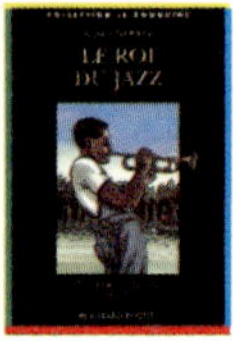

Des histoires d'amour et d'amitié

***Le roi du jazz* (JB 26)**

L'incroyable aventure de Leon le Noir et Noel le Blanc dans la Louisiane du début du siècle. Une histoire de musique et d'amitié.

Écrit par Alain Gerber et illustré par Loustal.

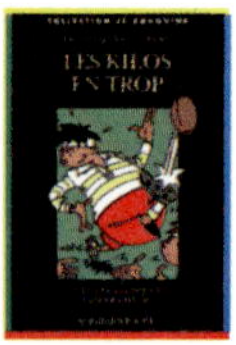

Des livres d'humour

***Les kilos en trop* (JB 4)**

Foot ou gâteaux : il faut choisir. Sébastien est trop gros pour briller en équipe première. Le ballon ovale conviendra-t-il mieux à son ventre rond ?

Écrit par François Sautereau et illustré par Thierry Dalby.

Et pour frissonner encore, dès 9-10 ans, la série Chair de poule !

***La nuit des pantins* (CDP 2)**

Caro Lafaye s'amuse beaucoup avec son pantin. Jalouse, sa sœur jumelle s'en procure un à son tour. À partir de ce jour, des événements étranges et terrifiants vont se produire dans leur maison.

Écrit par R.L. Stine

Achevé d'imprimer en avril 1997 par OBERTHUR Graphique
35000 Rennes - N° 810
Dépôt légal : mai 1997 - N° d'éditeur 2875
Imprimé en France